D1722204

Vanessa Karré

ist Illustratorin und lebt in Berlin.
Einen umfassenden Einblick in ihre Arbeit
findet man auf www.vanessa-karre.com

Judith Holofernes

ist Musikerin, Songwriterin und Autorin.
Bekannt wurde sie als Frontfrau und Texterin
der Band »Wir sind Helden«. Im Frühjahr 2014
erschien ihr erstes Soloalbum »Ein leichtes Schwert«.
Seit 2012 veröffentlicht sie außerdem Texte und
Gedichte auf ihrem Blog (www.judithholofernes.com).
Sie lebt in Berlin.

Judith Holofernes

Du bellst vor dem falschen Baum

Mit Bildern von

Vanessa Karré

Tropen

Ich geh spazieren

auf allen vieren

Ich sprech mit Tieren

die nix kapieren

die alles können

und die versonnen

auf Wiesen pennen

und die versponnen

auf Wiesen rennen

die sich sonnen

und die nichts! nichts! nichts!

beim Namen nennen

Maki

Der Maki ist
Dramatiker
  Ekstatiker
    Fanatiker
Der Blick geweitet
Finger klammern
alles an ihm
stummes Jammern
Doch was denkt der:
Geld vergessen?
Mist, ich wollt noch
Blätter essen?
Was begatten
was verstecken
meine eignen Füße lecken?
In welchen Abgrund
blickt das Tier?
Warum guckt der so
und nicht wir?

Lemuren

Lemur, der du
Nurejew gleich
Figuren tanzend
schwebend, leicht
in deinem Unsinn unerreicht
uns zeigst des Urwalds Ursinn -
(dass alle Dinge pur sind!)

Bekloppt gehopst?
Na ja, vielleicht
Dem schlichteren Betrachter
reichts
zu fragen: Ach, was machter?
Der Affe!
Und dann lacht er

Der Zweifler fragt:
Ach komm, Lemur
was soll denn das?
Und sag nicht nur:
Es dient der Art-
erhaltung
Da taugt die Art
der Haltung
trotz aller Grazie kaum für!
Dein Weib sitzt still im Baum, Tier!

Der Affe schließt die Augen
Sein Tanz muss zu nichts taugen
sein Tanz ist nicht zu stören
sich selbst will er betören

Ob seine Pirouetten
in Darwins Sinn Sinn hätten?
Das kann man sich wohl fragen
und müsste dann ertragen

Dass dieses Affen Anmut
zeigt, dass er, was er kann, tut
ganz ohne Sinngebäude
allein im Dienst der Freude

Sekretär

Der Vogel hier heißt Sekretär
Es sieht fast aus, als wär er wer
Doch ist das nicht sehr Menschenblick
der denkt: ein Tier im Anzug - schick?
Wahrscheinlich denkt das Spatzenhirn
da hinter der gewölbten Stirn
das Gleiche (nämlich
Pick Pick Pick)
wie auch die Möwe, die im Schlick
nach Würmern sucht
und nicht nach Sinn
und Sinn wär halt auch
keiner drin
Und wie auch dem genannten Spatz
nicht grade der Kalender platzt
so, denk ich doch mal, hat auch er
nicht mehr zu tun, als hin und her
zu laufen, stolzgeschwellt
als gäb es vom Minister Geld
Wahrscheinlich (und dann lass ichs ruhn)
ist er ein überschätztes Huhn

Tuberkelhokko

Tuberkelhokko
Was?
Tuberkelhokko
Das:

Tuberkelhuhn?
Tuberkelgeier?
Tuberkulöser
Truthahn? Reiher?
Jedenfalls: ein ernstes Tier
Meistens guckt er so wie hier

Machst nichts locker so vom Hokko -
Bist kein Rokko!
Bist verkrampft
Und angespampft!
Dünkelhokko
Mach dich lokko!
Keinen Bokko?
Ekelhokko

Marabu

Wozu braucht man
den Marabu
Er ist nicht schön
wie ich und du
Ein Schnabel, der nicht
singt, nur hackt
Der plumpe Körper
seltsam nackt
auf wackeligem Rentnerbein
Die Augen
trübe, müde, klein
Am Hals zerrupft
voll Leichenflecken
als wollte er uns gleich verrecken
Hätt den mit Absicht wer gemacht
den hätte man wohl ausgelacht
Wozu also der Marabu?
Wahrscheinlich nicht
für mich und du

Vollmeise

Ich hab eine
Vollmeise
Du hast keine?
Voll scheiße!

Ich meine -
Eine Halbmeise
haste -
höchstens!
Und das
weißte

Meine tolle Vollmeise
pfeift deiner
leisen Halbmeise
eine heiße
kleine Weise!

Deine Preisistheißmeise
ist ne brave
Halbwaise
gegen meine!

Meine kleine Heißmeise
schickt deine öde
Steiffmeise
auf die Reise
und da bleibtse

Maue Fleißmeise!
Flausenlose
Laumeise!
Olle Meisen-
blaupause!

Deine fahle Prahlmeise
bucht Pauschalreise!
Deine halbvergreiste
Spei-Meise
braucht Breispeise!

Meine Highlifemeise hingegen
ist dreifacher
Jive-Meister!
Meise der Feingeister!
Freibeuter! Ghostbuster!

Showmeise! Großmaster!

Meine Meise führt deine Meise
an der Leine!
Meine bewirft deine
mit kleinen Scheinen!

Meine weiße Hai-Meise
zieht Kreise um deine
lahme Bleimeise!
Meine volle Tollmeise
tritt deiner ollen
Trollmeise
in die Leiste!
Meine schlaue Saumeise
beißt deiner
lauen Scheißmeise
in die Beine!

Ich hab eine Vollmeise
Du hast keine?
Wein leise

Rehe 1

Eine Wiese mit Rehen
Ich (10)
ziemlich verloren
im Landheim
bei Bremen

Eine Wiese mit Rehen?
Ich: Schön
blöd wärs
würd ich
gehen

Ein Landhaus voll Blagen:
Kaum zu ertragen
Eine Wiese mit Rehen -
sehr schön

Blagen vertagen
hier stehen
Reh sein
heimwehen

Wiese und Zehen
und Sonnenuntergehen
Ich bleib
schön
stehen

Morin

Rehe 2

Im Zug sammel ich Rehe
Alle, die ich sehe
sind meine
Wie sie springen!
zwischen Hof und Bingen:

Rehe, die grasen
Rehe, die stehen
Rehe, die im Rudel
auf Rehpartys gehen
    Alles gesehen

Ehrlich! Stimmt!

Heute:
Ein Reh, das
schwimmt

Echt
Was?

Echt?
Krass

Ein Reh?
Nass?

Machts das
weils muss?
Machts das
aus Spaß?

denke ich, und zeige
verzückt aufs Reh und schweige
dann doch, denn in der Scheibe
grins ich nur, nicht wir beide

Und ach! Was nützt
ein nasses Reh
wenn ich es alleine seh!
Ein Reh kann man nicht sammeln
Ein nasses Reh wird gammeln
im Koffer, bis Berlin
Ich seufz und lass es ziehen

Kuh

Ein Mann fährt ins Allgäu
zum Meditieren
weil die Stille dort
stiller erklingt

Der Mann setzt sich hin
atmet ein, atmet aus
Die Stille, so still
BALING!

Baling? BALENG
BALING BALENG
Vor dem Fenster
steht eine Kuh

Die Stille im Allgäu, sie
schwingt und singt
und sie schwingt
ihre Glocke dazu

Die Kuh macht baling
Der Mann denkt: Entspannt!
Atme ein, atme aus
Baleng

Atme ein, atme aus
still still
Der Mann atmet nicht
er denkt

Der Mann denkt: Baling!
Der Mann denkt: Verdammt
Der Mann ist
abbalengt

Vor dem Fenster: Baling
die Kuh, die beschwingt
Euter und Glocke
klingklangt

Ihr Fell so hell
die Augen sanft
und sie schwingt mit
im Klingen der Zeit

Der Mann denkt: Baling?
Der Mann denkt: PENG PENG
Der Mann ist noch nicht
ganz so weit

Atme bing, atme bong
Die Glocke erklingt
Der Mann denkt:
Was ein Scheiß

Die Kuh vor dem Fenster
Baling Baleng
Die Kuh denkt nicht
Sie weiß

Schaf

Denk ich an Deutschland in der Nacht
hab ich kaum je ein Schaf gebraucht
Eh jenes sich zum Sprung aufmacht
bin ich schon in den Schlaf geschlaucht

Wiesel

Das Wiesel wuselt ziemlich viel
übers Dach vom Wohnmobil
Wiesel wuselt: klackklackklack
Wiesel wuselt: tripp tripp trapp

Wiesel, wusel doch woanders!
Nimm zum Beispiel nebenan das
Auto von den Nachbarn
die haben sogar Krach gern

Die Nachbarin ist taub
der Nachbar gerne schraubt
drum friss auch deren Kabel lieber
Ich geb dir ne Gabel rüber

Wiesel wuselt weiter wild
Wiesel kennt kein Nummernschild
Wiesel wuselt KLACK KLACK KLACK
Wieselt trippelnd auf und ab

Wiesel haste nicht gehört
dass uns dein Gewusel stört?
Wiesel morst uns durch das Dach:
Was ich tu, ist Kunst, nicht Krach!

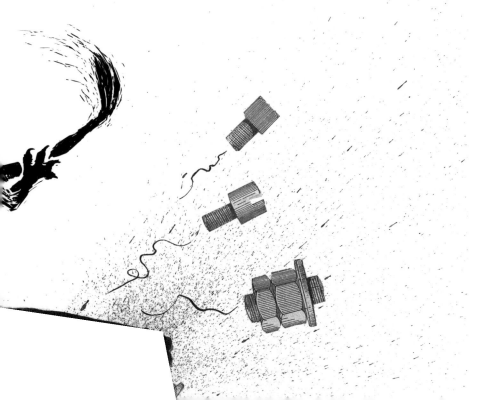

Wespe

Ich mag ja wirklich jedes Tier
außer vielleicht dieses hier
Dieses Brummen, das Gesirre
macht mich irre, macht mich kirre

Flirrig fliegt der Wesp umher
man weiß gar nicht, was will denn der
So schnell kann doch keiner gucken
wie die hin und weg sich ducken

Dieses Zucken, dieses Rucken
macht, dass mir die Finger jucken
Mir macht nur die Wespe Spaß
die man fängt in einem Glas

Ach, die Wespen! Ach, die Wespen
wollen uns pesten, wollen uns testen
hetzen uns durchs Eiscafé
Ach! Ihr Stich tut wirklich weh

Was macht die Wespe im Gefüge -
Macht es was, wenn man sie schlüge?
Ach, ich mag die Wespe nicht
ich glaub, das Tier ist nicht ganz dicht

Bleibt sie dir im Honig kleben
hat sie nicht mehr lang zu leben
Klebt sie in der Marmelade
schlägt der Flügel lahmer, schade!

Schneidet Löcher in den Schinken
will dann unsere Cola trinken
pinkelt in den Obstsalat
geht dann, wenn der Ober naht

Will nur essen und nicht zahlen
wäscht den Teller nicht, den kahlen
und wenn sie nach Hause fliegt
nimmt sie mehr mit, als sie wiegt

Will sie sich am Brot verheben
brauchst du ihr nichts zu vergeben
Sitz daneben, freu dich stille
s' ist der Wespe eigener Wille

Fliegt dir eine in die Tasse?
Könntest retten - nö, ach lasse!
Komm schon, sags ihr ins Gesicht:
Nein, ich mag dich Wespe nicht!

Qualle

Qualle, olle
hast nicht alle
Machst im Urlaub
uns noch malle
hier auf Malle
Olle Qualle
Schwabbelst voll, ey!
Nicht so toll, ey!
Schmerzt voll dolle
Voll die Qual, ey
Qualle, olle
voll der Proll, ey

Nachgedanke:
Wenn man pieselt
auf die Stelle
geht der Schmerz -
auf alle Fälle
aber auch die
olle Schnalle
die man vielleicht
knallen wollt
ey

Gecko

Gecko, Gecko
Gecko keck!

Gecko, Gecko
Gecko weg

Oktopoden

Haben Oktopoden Hoden?
Zwei? Vier? Okto-Klöten?
Hoden bis zum Meeresboden?

Hamse!

Wo denn?

Tiefseefische

Tiefseefische
- auf die Gefahr
dass ich mich einmische -
dass euch nie einer sieht
ist doch lang noch kein Grund
so auszusehen, oder?
So ungesund!

Gelind gesagt:
unrund! Unschön! Ungestalt!
So picassös
mim Mund gemalt!
Oder?
Wozu denn?
Kommt ja keiner
zum Gruseln
hier runter -
außer
er ging unter

Ach so? Ihr seid des Hades Wachen?
Aber mal ehrlich, so was Fades
Ihr solltets wie der Clownsfisch machen
und leuchten um die Wette
mit Krebsen und Korallen

Ihr hier, ihr raucht Kette
und leuchtet grell von scheppser Stirn
einander ins zerbeulte Hirn
und in den Monsterrachen

Ihr Fischclowns habt gut scherzen
wo Forschern stets
die Kapseln bersten
bevor sie applaudieren könnten

Hier unten, unter Ausschluss aller
– ach, es wär der Oberknaller! –
leuchtet manch ein Tiefseebarsch
wahrscheinlich sogar aus dem Arsch
und keiner würds goutieren

Also: macht doch, wie ihr meint!
Ich sag nur, dem Betrachter scheints
als schlüg bei euch
mit Schmach und Hohn
der Bar-Druck den
der Selektion

Echolot

Halt
still
Das Bett ist
ein Floß
und ich

will

raus aufs
Meer
komm
schneid es

los

Schau

unter uns
flüssiges
Blei -

graue

Schatten

ziehen träge
vorbei

Sterne
und Wasser
und wir

dazwischen

Komm

wir schwimmen
mit den großen

Fischen

Komm

Schau

Um uns
tanzt
glitzernder

Staub

Wir

sinken
selig und
taub -

stumm

wartend

und

leise

ziehen

die Schatten

engere

Kreise

Krill

Vielleicht wärst du Seetang, ich wäre Krill
Wir wären der Seegang, und dann wären wir still
Über uns Möwen, hungrig und schrill
aber uns wär egal, ob die Möwe was will

Soll sie doch fragen:
Wo sind sie hin?
Ich werd niemandem sagen
wo ich bin

Hund 1

Denk eine Nase auf warmem Asphalt
der Hund wäre froh, die Nase wär kalt
Das wäre ich, oder auch nicht
oder auch du, und ich schaute zu

Und sie werden fragen:
Wo sind sie hin?
Der Hund wird nicht sagen
wo ich bin

Labradoodle

Lass mich Labradoodle googlen!
Muss ich ja wohl
oder übel -
rät mir der Allergologe
neuerdings zum Halblingspudel

Pudel haart nich und ist artich -
dödelt wenig und er paart sich
- Züchtern will es wohlgefallen -
offenbar mit wirklich allen:
Über Weimaraner, Wiener
Boxer, Basset, Dalmatiner
Mastiff und Maskottchen Tina
muss ab jetzt der Pudel rüber

Und ich google Goldendoodle,
Dalmadoodle, Great Danoodle,
Bernedoodle, Boxerdoodle,
Weimardoodle, Whoodle, Poogle,
Shepadoodle, Sheepadoodle,
Sheltidoodle, Giant Schnoodle
Bassetoodle! Bolonoodle!
Ach, gebt mir ein Doodlerudel

Am Liebsten die mit dem Poo hinten
Ob Po oder Puh gesprochen, beides stimmt, denn
den Hintern trägt auch Hund nicht vorn
(und da Poo auf deutsch »Scheiße« heißt
würd auch das vorne stören)

Also: Corgipoo, Cockapoo, Doxiepoo - nicht schlecht
Yorkipoo, Eskapoo, Affenpoo - jetzt echt?
Pugapoo, Pomapoo, Pinny-Poo, Papi-Poo
Pi-pa-poo? Ja, sagst du! Ich füg dem gar nichts zu
Malti-Poo, Jack-A-Poo, Newfypoo, ah, Chi-Poo!
- Gesundheit! Danke sehr - Akipoo, Shi-Poo

Shar-Poo, Schipper-Poo, Chinese Skypoo,
Siberpoo, Terri-Poo, Westiepoo, Wire-Poo,
(Ach und genau, von wegen The Wire, du:
Boss von allen Bitches sind
Poo-Bich und Bossi-Poo)

So vergoogle ich mein Leben!
Trudel weg im Pudelstrudel
Doch wer wollt es mir verübeln -
hundloser Allergonudel!

Hundswunsch grundlos abgebügelt!
Find halt sonst keinen zum Knoodlen
Gebt mir armem Labraluder
irgendsonen Poserpudel!

Loserpudel, Pity-Pudel,
irgendeinen Dödeldoodle!
Ach, ich nähm nen
Oger-Doodle,
Tarantoodle
Spiderpoo
Wolveroodle
Nacktmulloodle

Ninja Mutant Turtleoodle
Poo-Shido
Godzillapoo!

Steckt im kruden Gengemurkel
nur ein Viertel echte Töle -
gebt mir mein Mutantenrudel!
Und mein schniefend Herz
gibt Ruh

Hund 2

Du sagst:
Hrrrr!
Hrrrrrr!!
Hrrrrrrrrr!!!!   Rrrwah! Rrrwah!!!!

Ich sag:
Du bellst vor dem falschen Baum

Du sagst:
KAI!
Du sagst:
KAI! KAI! KAI!

Du sagst:
Neff!
Nnnnnnn - Njiff!
Neff!

Du bellst vor dem falschen Baum

Du sagst:
KOFF
KOFF KOFF

Du sagst:
BLAF
BLAFBLAF
ARRRFF! KOFF! BLAF!

Du bellst vor dem falschen Baum

Du sagst:
OUAH - OUAH!
WAOUUUUUUH!

Ich sag: Tu n'aboies pas dans le bon bois

Du sagst:
BAU
BAU BAU BAU

Ich sag: Baum? Non è buono! Ganz genau!

Du sagst:
BOW! BOW - OW - OW!

Ich sag: You're barking up the wrong tree, now

Du sagst:
Hrrrnnng?!!
Hrrrnnnnnggg?!!
Hnnnnnngggg!!!

Du sagst:
Hechhechhechhech!
Hörggg

Du sagst:

ARRRF! RWAH-RWAH-RWAH-RWAH-RWAH!

NJIFF! RWAH-RWAH-RWAH-RWAH-RWAH!

HRRRRNNNG?!! RWAH-RWAH-RWAH-RWAH-RWAH!

WAOOOUUUUUUUH! RWAH-RWAH-RWAH-RWAH-RWAH!

Ich sag:

Shhhhhhhh -

falscher Baum

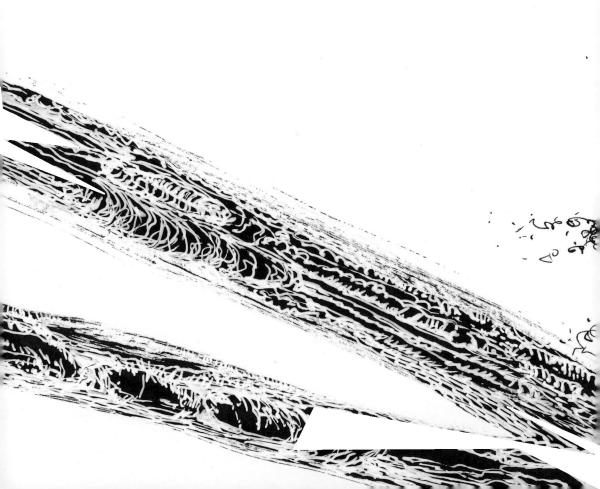

Wolf

Du bist ein Wolf
die Pfote zuckt
in deiner Träume
wildem Lauf

Du bist ein Wolf
dein Blick ist Grrrrr
wenn du mir in
die Augen schaust

Du bist ein Wolf
die Nase kraus
wenn du in meinen
Nacken beißt

Du bist ein Wolf
dein Herz ist Hund
wenn ich dir deine
Schulter kraul

Elefant

Ich seh uns beide
du bist längst zu schwer
für meine Arme, aber
ich geb dich nicht her

Ich weiß, deine Monster
sind genau wie meine
und mit denen bleibt man
besser nicht alleine

Ich weiß, ich weiß
ich weiß und frage nicht
Halt dich bei mir fest
steig auf, ich trage dich

Ich werde riesengroß für dich
ein Elefant für dich
Ich trag dich meilenweiter
übers Land
und ich
trag dich so weit
wie ich kann
Ich trag dich so weit
wie ich kann

Und am Ende des Wegs
wenn ich muss
trage ich dich
über den Fluss

Erdferkelinfant

Im Zoo zu Cincinnati wars
dass ich mein Herz verlor
Ein Erdferkel war, was ich fand
mit Glasscheibe davor

Erdferkelferkel? Erdinfant
nenn ichs, dann ist es klar
dass dieses Ferkelferkel hier
ein Erdschweinsäugling war

Der Erdinfant, der mutterlos
im Brutkasten dort schlief
trug eine Windel, und er schnarchte
mir mein Herz ganz schief

Wo ist sie denn, die Erdensau?
Mit Erddaddy im Erdschweinbau?
Und du, du liegst hier ganz allein
saugst mit dem Nasenrüssel mein

und andrer Leute Herzen ein
und zuckst mit Pinselohren
Das Herz bleibt wohl verloren -
an dich! Verwaistes Schwein

Ein Raubtier

Und du sagst: Ja, nein, ja
Und dazu wiegst du dein Haupt
genau wie gefangene Tiere
oder Greise

Und: Ja, ja, ja
Vielleicht warst du ein Raubtier
aber jetzt bist du taub
und hast Staub auf den Augen
und brüllst dich heiser

Und du baust Jahr für Jahr
einen neuen Käfig aus Glas
und du drehst Kreise um Kreise um
Kreise um Kreise um Kreise
und: Ja, ja, ja
Vielleicht macht das ja Spaß
immer entlang an der Käfigwand
auf dieselbe Weise

Ozelot

Wer dem Ozelot
auf die Pfote trott
tot das nicht bald wieder
Der Ozelot schnobt:
Pfote hoch! Ich mach dich hopp
Beehrnse uns bald wieder

Fuchs

Guck, da ist der Fuchs, der rote!
Ach, in Buch und Anekdote
muss das Tier der Böse sein
Hier lässt er fünf grade sein
leckt possierlich sich die Tatze
ist kaum größer als ne Katze -
Guck, ich finde den ganz süß!
Guck, der isst sogar Gemüs!
Ach nee, igitt, das ist ne Maus
Komm Kind, wir gehen lieber raus

Kakadu

Ach, Kakadu
du Kacker, du
Ach komm
jetzt mach den Schnabel zu
Bin ich die Erste
die das sagt?

Was guckst du denn so angeklagt!

Ich sag nur: Dreh doch mal den Kopf
und schau, was da zu Boden tropft
Ich sag mal: Diese olle Zeitung
ist nicht Bildung, ist nur voll Dung
Kakadu,
du Kacker, du
sieh hin - und mach den Schnabel zu

Gnu

Ich seh ein Gnu
und denke: Gniiii
Wenn ich an seiner Nase zieh
an seiner langen, nassen
bleibt es dann wohl gelassen?
Macht so was Muh?
Macht so was Buh?
Wird mich sein Horn erfassen?
Ich werd es nicht erfahren
denn sieh
der Wärter Scharen
verweisen mich des Grunds
Das Gnu, es frisst und grunzt

Wisent

Schau, ein Wisent –
schau mal, wies rennt!
Obs das unbeschadet kann?
Ich melde da mal Zweifel an
Der Wisent wird nach vorne breiter
hinten nicht so, trotzdem, heiter
prescht er durch die Tundra
ritt ich, fiel ich runter
Ob er mit dem dicken Schädel
prescht zu einem feschen Mädel?
Wisent
sieh
die Tundra
sie brennt
nicht!
So raste
und besinne
dich
und stolper
nicht

Rentier

Ren, Tier, ren so schnell du kannst!
Der Mann da mit dem fetten Wanst
der sagt, er will dein Bestes
(im besten Sinn des Festes)
dich belädt mit Tand und Nippes
nicht mal fragt ob das ne Ripp ist
die aus deiner Seite stakt
ob dich wohl der Hunger plagt -
will dich vor den Karren spannen
in wilder Hetzjagd durch die Tannen
deine Kraft verschleißen
bis die Flanken gleißen
bis du taumelst, stolperst, sinkst
Macht ja nichts, so lang du singst!
Ach Rudolph, deine Nase rot
sagt: Dieses Fest, es wird dein Tod

Und alles nur damit am Ende
Kinder quengelnd
ihre Hände
vor verklebte Münder schlagen
oder vor den wehen Magen

weil vorm Baum das Falsche liegt -
Draußen leis ein Rentier quiekt
und bebend unter seinem Joch
noch pfeift auf allerletztem Loch
Oh gnadenvolle Weihnacht

(Und die Moral von der Geschicht
denn ohne kann ich scheinbar nicht:
Ach, schinde nicht dein zartes Herz
nur für den Weihnachtsscheißkommerz)

Oppossum

1

Wenn dich die Welt bedrängt
wenn dir die Welt nichts schenkt
wenn dich die Welt bedroht
stellst du dich doof, äh, tot

Wenn sie dich zu viel fragt
und sich bei dir beklagt
streckst du die Zunge raus
machst toter Mann, äh, tote Maus

Wenn sie dir zu komplex ist
sie voll des Staubs und Drecks ist
sie voll geplatzter Schecks ist
sie voll von Schmerz und Crack ist

sie dir Pistolen auf die Brust setzt
sagst du Peng! Ich habs gewusst, jetzt
ist es aus ich bin hinüber
und fällst taumelnd hintenüber

Possum, oh Possum
Possierliches Oppossum!

2

Possum, Possum, Beutelratte
liegst ermattet auf der Matte
Hoffst bis heute, dass der netten
Ratte das den Beutel rette

Willst in deiner Leichenstarre
störrisch so der Dinge harren
Blanke Lefzen, blanker Blick
Possum, du kennst alle Tricks

Und, mein Possum, mir will scheinen
alle Welt fällt darauf rein und
stupst dich zögernd mit der Nas
und denkt: Igitt, ist Aas!

Possierliches Opossum!
So besingen wir dich posthum

3
Possum, Possum
Schlaues Tier
Ich wünscht
ich käme mehr nach dir

Possum, Possum, könnt auch ich
- wär mir etwas unheimlich -
so galant zu Boden sinken
und dabei noch mit der Linken
huldvoll alle zu mir winken
hauchend: Ach, jetzt ist es aus!
ganz kurz später stünd ich auf
und ginge meines Wegs
Der Feind äß lieber
Steaks

Faultier

Ein Faultier
fault hier
vor sich hin
Ein langer Finger
kratzt das Kinn

und dann kommt wieder länger nix -
doch seht!
Die Tiefe seines Blicks!
Ach nein, es hat die Augen zu

Na gut
dann lass ich es in Ruh

Impressum

Einigen der hier veröffentlichten Gedichte liegen Songtexte
der Autorin zu Grunde.

Vom Album *Von hier an blind* (Wir sind Helden, 2005):
Haie (aus »Echolot«) ~ Elefant (aus »Ein Elefant für dich«);
vom Album *Soundso* (Wir sind Helden, 2007):
Krill und Hund 1 (aus »Lass uns verschwinden«)
mit freundlicher Genehmigung von Wintrup Musikverlag/
Freudenhaus Musikverlag

Vom Album *Bring mich nach Hause* (Wir sind Helden, 2010):
Raubtier (aus »Kreise«) ~ »Wespe« (aus »Die Wespe«, B-Seite
zur Single-Auskopplung »Alles«);
vom Album *Ein leichtes Schwert* (Judith Holofernes, 2014):
Ich geh spazieren ... (aus »Nichtsnutz«) ~ Opossum (aus
»Opossum«)
mit freundlicher Genehmigung von Wintrup Musikverlag

Tropen
www.tropen.de
Für die Texte: © 2015 by Judith Holofernes
Für die Illustrationen: © 2015 by Vanessa Karré
Für die gesamte Publikation
© 2015 by J. G. Cotta'sche Buchhandlung
Nachfolger GmbH, gegr. 1659, Stuttgart
Alle Rechte vorbehalten
Umschlag: Vanessa Karré, Berlin (Illustration),
Herburg Weiland, München (Typographie)
Herstellung: Ulrike Wollenberg, Stuttgart
Gedruckt im Ultra HD Print® von Grafisches Centrum
Cuno GmbH & Co. KG, Calbe (Saale)
ISBN 978-3-608-50152-0

Vierte Auflage, 2015

FSC
www.fsc.org
MIX
Papier aus ver-
antwortungsvollen
Quellen
FSC® C043106

Vanessa Karré bedankt sich bei ihren geschätzten
Kollegen der Tierillustration, deren Werke sie als
Hommage in ihre Collagen eingearbeitet hat.